POSTRES PARA DIABÉTICOS

Cocina y salud
Edicion especial

POSTRES PARA DIABÉTICOS

Lene Del Valle
Ana Pedraza

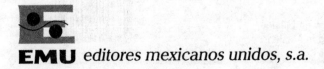

EMU editores mexicanos unidos, s.a.

D. R. © Editores Mexicanos Unidos, S. A.
Luis González Obregón 5, Col. Centro,
Cuauhtémoc, 06020, D. F. Tels. 55 21 88 70 al 74
Fax: 55 12 85 16
editmusa@prodigy.net.mx
www.editmusa.com.mx

Coordinación editorial: Marisol González Olivo
Diseño de portada: Arturo Rojas Vázquez
Formación y corrección: Equipo de producción de
Editores Mexicanos Unidos

Miembro de la Cámara Nacional
de la Industria Editorial. Reg. Núm. 115.

1a edición: Abril de 2006
4a reimpresión: Noviembre de 2010

ISBN (título)   978-968-15-2011-3
ISBN (colección)   978-968-15-2049-6

Impreso en México
Printed in Mexico

ISBN 978-968-15-2011-3

9 789681 520113

INTRODUCCIÓN

La mayoría de las personas creen que ser diabético es una carta de renuncia al disfrute que proporciona el paladear suculentos postres. Y la única realidad es que no es verdad. Es cierto que las personas con diabetes tienen que cuidar mucho su consumo de azúcar, carbohidratos y grasas.

Por eso se vuelve indispensable el leer las etiquetas de todos los productos que se compren pues no siempre light quiere decir libre de grasas, carbohidratos y azúcares. Suele suceder frecuentemente que sólo le quitan alguno de estos tres ingredientes.

¿Qué es la diabetes?

En términos muy sencillos podríamos decir que nuestro cuerpo es como el motor de un carro y en lugar de gasolina, necesitamos de azúcar para que nos provea de energía y poder realizar nuestras actividades diarias.

Esta azúcar (o glucosa) la obtenemos de los alimentos que ingerimos y es a través de la sangre que penetra a todas las células de nuestro cuerpo. Claro, para entrar a las células, la glucosa necesita de una llave que le abra la puerta. Esa llave se llama insulina (que la fabrica el páncreas). Es aquí cuando comienzan los problemas.

Si no hay la insulina suficiente, la glucosa no entra en las células y se queda en la sangre, lo que es nocivo para la salud y a través del tiempo acarrea problemas en la visión, en la piel, en los órganos internos, etc.

Y así como los niveles de azúcar en la sangre pueden aumentar (hiperglucemia), también pueden disminuir (hipoglucemia) y puede llevar al paciente diabético a un coma hipoglucémico.

Diabetes y alimentación

Cuando a una persona le diagnostican diabetes, por lo general cree que no podrá comer casi nada. Sin embargo, la alimentación de un individuo con esta enfermedad es la misma de cualquier otra que desee llevar una vida sana y cuidar su peso.

Estudios recientes señalan que las personas diabéticas pueden consumir azúcares siempre y cuando mantengan un equilibrio entre el resto de los carbohidratos que consuman de otros alimentos.

En resumen, pueden comer de todo. La única diferencia es que tienen que ser más conscientes sobre la cantidad de alimentos que ingieran, porque necesitan mantener sus niveles de glucosa controlados.

Algunas recomendaciones

Edulcorantes. Es un sustituto de azúcar con un poder endulzante mayor al azúcar refinado. Los acalóricos son el ciclamato, el aspartame y la sacarina. El más recomendable de todos es el aspartame y, como en todo, no hay que excederse de la cantidad máxima permitida.

Sal. Se debe evitar su consumo cuando exista hipertensión arterial. Afortunadamente en el mercado ya existe la sal sin sodio.

Bebidas alcohólicas. Se recomienda no beber más de dos bebidas al día en los hombres y una bebida diaria en la mujer.

El alcohol puede tener efectos hiper o hipoglucemiantes. Para evitar el efecto hipoglucemiante del alcohol se recomienda beberlo en compañía de otros alimentos. Se debe tener en cuenta que un gramo de alcohol produce siete calorías llamadas "vacías", ya que no tienen ningún valor nutritivo.

Ejercítate. Hacer ejercicio diariamente mantendrá al organismo en buenas condiciones y quemará grasa, además de que el sistema circulatorio se regulará, reducirá el estrés y conservará la mente activa de manera positiva.

RECETAS

Mousse

MOUSSE DE MANGO

Con un alto contenido en betacaroteno y vitamina C, este sabroso
postre es una buena alternativa
para ayudar a fortalecer nuestro
sistema inmunológico.

Porciones: 4
Preparación: 20 minutos
Refrigeración: 2 horas

Información nutrimental Cada porción aporta:	
Calorías:	177
Fibra:	2 g
Proteína:	4 g
Grasa total:	5 g
Grasa saturada:	2 g
Colesterol:	10 mg
Sodio:	26 mg
Carbohidratos:	4 g
Potasio:	- mg

Ingredientes

- 1 k de mango, pelado y en rebanadas
- ¼ de taza de jugo de limón o de lima

- ½ cucharadita de jugo de jengibre
- 1 sobre de gelatina sin sabor, light
- 1 cucharada de endulzante sin calorías
- ½ taza de crema ácida baja en grasa
- ½ taza de agua

Preparación

Licúa los mangos con el jugo de limón y el jengibre. Deja en la licuadora. Aparte, espolvorea la gelatina en un cuarto de taza de agua y mueve hasta que se disuelva. Al mismo tiempo, hierve un cuarto de taza de agua con el endulzante, añade la gelatina disuelta, sin dejar de mover, y espera un minuto o hasta que la gelatina esté completamente disuelta. Agrega la mezcla de gelatina a la licuadora con el mango, licúa de nuevo, añade la crema y vuelve a licuar. Vierte la mezcla en tazones individuales, refrigera durante dos horas o hasta que el mousse esté cuajado.

Mousse de fresa

Las fresas son una buena fuente de fibra y vitamina C.

Porciones: 4
Preparación: 45 minutos
Refrigeración: 6 horas

Información nutrimental Cada porción aporta:	
Calorías:	92.5
Fibra:	14 g
Proteína:	34 g
Grasa total:	0.5 g
Grasa saturada:	0 g
Colesterol:	0.5 mg
Sodio:	72.5 mg
Carbohidratos:	6.5 g
Potasio:	- mg

Ingredientes para la salsa

- 1 taza de fresas lavadas y desinfectadas
- ¾ de taza de agua
- 1 cucharadita de maicena
- 1 cucharada de endulzante sin calorías

Ingredientes para el mousse

- 2 sobres de gelatina sin sabor light
- ½ taza de jugo de naranja
- 1 taza de fresas lavadas y desinfectadas
- 2 tazas de yogurt natural, descremado o light
- 1 cucharada de endulzante sin calorías
- 2 claras batidas a punto de turrón

Preparación

Para preparar el mousse vierte la gelatina en el jugo de naranja durante 10 minutos de forma que se hidrate. Luego ponla a baño María hasta que esté bien líquida o en el microondas durante unos segundos para que se disuelva bien. Aparte, licúa las fresas, vacíalas en un tazón, añade el yogurt, la gelatina disuelta y endulzante. Mezcla bien. Aparte bate las claras a punto de turrón e incorpora las fresas de forma delicada y congela durante cuatro horas. Mientras, prepara la salsa. Licúa las fresas con el agua y la maicena, vierte en una cacerola y pon a hervir, sin dejar de mover, a fugo medio hasta que comience a espesar. Retira, deja enfriar un poco e incorpora el endulzante a tu gusto. Deja enfriar. Desmolda el mousse, que ya debe estar cuajado, vierte la salsa sobre él y refrigera hasta el momento de servir.

MOUSSE DE MELÓN CON SALSA DE FRAMBUESA

Llena tu cuerpo de vitamina C y de mucho betacaroteno para fortalecer tu organismo.

Porciones: 6
Preparación: 20 minutos

Información nutrimental Cada porción aporta:	
Calorías:	124
Fibra:	3 g
Proteína:	1.7 g
Grasa total:	0.2 g
Grasa saturada:	0 g
Colesterol:	0 mg
Sodio:	14 mg
Carbohidratos:	16 g
Potasio:	- mg

Ingredientes

- 350 g de frambuesas congeladas
- 1 cucharadita de jugo de limón
- 2 cucharadas de miel maple light sin azúcar
- 1 melón grande
- hojas de menta fresca

Preparación

Aparta algunas frambuesas para decorar y licúa el resto hasta hacer un puré. Cuela y agrega el jugo de limón y la miel. Mezcla perfectamente y aparta. Corta el melón en cuartos y retira las semillas. Con un cuchillo afilado corta en rebanadas delgadas el melón sin separar por completo y abre en forma de abanico. Coloca en cuatro platos, pon un abanico de melón en cada plato, vierte un poco del puré y decora con las hojas de menta.

MOUSSE DE CHOCOLATE

Con muy pocas calorías, disfruta sin culpas de este mousse de chocolate light sin azúcar, para tus cenas especiales.

Porciones: 4
Preparación: 30 minutos
Cocción: 5 a 10 minutos
Refrigeración: 1 hora

Información nutrimental Cada porción aporta:	
Calorías:	47
Fibra:	0 g
Proteína:	2.5 g
Grasa total:	1.5 g
Grasa saturada:	0.05 g
Colesterol:	**0 mg**
Sodio:	37 mg
Carbohidratos:	6.05 g
Potasio:	- mg

Ingredientes:

- 125 g de chocolate en polvo light sin azúcar
- 1 cucharadita de brandy
- 4 claras de huevo

Para decorar

- hojas de menta fresca
- cerezas rojas partidas a la mitad

Preparación

Derrite el chocolate a baño María moviendo constantemente. Deja que se enfríe, sin dejar de mover incorpora el brandy y sigue moviendo. Aparte, bate las claras hasta formar picos duros e incorpora con movimientos envolventes al chocolate. Vierte la mezcla en cuatro recipientes individuales y refrigera una hora. Para servir decora con dos ramitas de menta y pon una cereza en medio.

Helados

Nieve de naranja y limón

Pura vitamina C contenida en esta deliciosa nieve refrescante

Porciones: 6
Preparación: 15 minutos
Refrigeración: 3 horas

Información nutrimental Cada porción aporta:	
Calorías:	55
Fibra:	1 g
Proteína:	3 g
Grasa total:	1 g
Grasa saturada:	1 g
Colesterol:	**3 mg**
Sodio:	71 mg
Carbohidratos:	10.5 g
Potasio:	- mg

Ingredientes:

- 4 tazas de melón cortado en cubitos
- ¾ de taza de leche descremada
- ⅓ de taza de miel de maple light sin azúcar
- ¼ de taza de jugo de naranja natural

- 1 cucharadita de endulzante sin calorías
- 1 cucharadita de ralladura de naranja

Preparación

Licúa el melón, vacía en un tazón y mezcla con la leche, la miel, el jugo, el endulzante y la ralladura. Congela la mezcla, saca, corta en trozos y licúa hasta que esté espesa. Vuelve a congelar durante 30 minutos y sirve.

HELADO DE YOGURT CON LIMÓN Y NUEZ

Calcio, vitamina C y minerales son los ingredientes de este helado que lo puedes preparar, y mantener en el congelador, por varios días.

Porciones: 6
Preparación: 20 minutos
Cocción: 2 minutos
Refrigeración: 1 ½ horas

Información nutrimental Cada porción aporta:	
Calorías:	65
Fibra:	0.3 g
Proteína:	5 g
Grasa total:	6 g
Grasa saturada:	1 g
Colesterol:	**2.4 mg**
Sodio:	46 mg
Carbohidratos:	6.3 g
Potasio:	- mg

Ingredientes

- ½ taza de leche descremada
- 1 cucharada de grenetina en polvo

- 1 cucharada de azúcar para diabéticos
- 300 ml de yogurt natural bajo en grasas
- 4 cucharadas de jugo de limón
- 5 g de nuez, picada
- ralladura de limón

Preparación

Vacía la leche en una cacerola y vierte la grenetina. Deja reposar durante un minuto y calienta a fuego bajo dos minutos. Agrega, poco a poco y sin dejar de mover, el azúcar y sigue mezclando hasta que todo se haya disuelto. Retira del fuego y deja enfriar hasta que espese. Mueve ocasionalmente. Agrega el yogurt, la ralladura, el jugo de limón, las nueces y mezcla todo. Congela durante una hora o hasta que cuaje por la orilla. Saca, bate y congela 30 minutos más; saca, vuelve a batir y congela de nuevo. Repite tres veces más y deja congelar una hora antes de servir.

Paletas de yogurt con mermelada

Para la temporada de calor disfruta de estas ricas y sencillas paletas con todo el calcio y la vitamina C que contienen.

Porciones: 6
Preparación: 25 minutos
Cocción: 45 minutos
Refrigeración: 90 minutos

Información nutrimental Cada porción aporta:	
Calorías:	14.5
Fibra:	1 g
Proteína:	4.9 g
Grasa total:	0.42 g
Grasa saturada:	1 g
Colesterol:	**2 mg**
Sodio:	58 mg
Carbohidratos:	10.3 g
Potasio:	- mg

Ingredientes

- 180 g de fresas congeladas sin azúcar
- ¼ de taza de mermelada de fresa light sin azúcar
- 2 cucharaditas de miel maple light sin azúcar
- 2 tazas de yogurt natural descremado

Preparación

Licúa las fresas, la mermelada y la miel hasta que tengan una consistencia tersa. Añade el yogurt y vuelve a licuar. Vierte la mezcla en moldes para paleta y congela hasta que se endurezcan.

HELADO DE MANGO
CON ENSALADA DE FRUTAS

Una auténtica combinación de frutas
exóticas cargadas de vitamina C.

Porciones: 8
Preparación: 20 minutos
Cocción: 10 minutos
Congelación: 4 ½ horas

Información nutrimental Cada porción aporta:	
Calorías:	85
Fibra:	1.2 g
Proteína:	2 g
Grasa total:	0 g
Grasa saturada:	2 g
Colesterol:	0 mg
Sodio:	58 mg
Carbohidratos:	10 g
Potasio:	- mg

Ingredientes

- 4 cucharadas de endulzante sin calorías
- ½ limón (jugo)
- ½ k de mango fresco
- 1 cucharada de crema de coco
- 2 claras de huevo

Ingredientes para la ensalada

- 1 mango pelado y sin hueso, en rebanadas
- 1 papaya pequeña, en cubitos
- 2 plátanos pequeños, rebanados
- 250 g de piña, en cubitos
- 2 limones (jugo)

Preparación

Pon al fuego una taza de agua con el endulzante y deja que hierva. Mueve para que el endulzante se disuelva. Baja la flama y cocina cinco minutos más o hasta que se haga el almíbar. Incorpora el jugo de limón y deja enfriar a temperatura ambiente. Licúa el mango y la crema de coco hasta hacer un puré. Vierte la mezcla, tapa y congela dos horas o hasta que esté firme. Bate las claras a punto de turrón, saca la mezcla de mango del congelador y pícala con un tenedor e incorpora las claras con un batidor y vuelve a congelar 90 minutos. Saca del congelador y bate de nuevo y vuelve a congelar una hora o hasta que esté firme. Prepara la fruta para la ensalada, ponla en un plato, exprime el jugo de limón y mueve ligeramente. Sirve la ensalada de frutas con dos bolas de helado.

Helado de yogurt
con fresa

La combinación de yogurt con la fresa da un auténtico manjar endulzado con miel, ¡immm!

Porciones: 4
Preparación: 10 minutos
Congelación: 5 horas

Información nutrimental Cada porción aporta:	
Calorías:	186
Fibra:	2.1 g
Proteína:	8 g
Grasa total:	2 g
Grasa saturada:	4 g
Colesterol:	**7 mg**
Sodio:	88 mg
Carbohidratos:	29 g
Potasio:	- mg

Ingredientes

- 450 g de fresas
- 4 cucharas de miel light sin azúcar
- 1 cucharadita de jugo de limón
- Gotas de extracto de vainilla
- 500 g de yogurt natural descremado

Preparación

Licúa las fresas, la miel, el jugo de limón, y el extracto de vainilla. Haz un puré; incorpora el yogurt y sigue batiendo. Pasa la mezcla a un tazón, tapa y congela cinco horas. A las dos horas bate con un tenedor y luego cada hora. A la hora de servir, si deseas, puedes decorar con algunas mitades de fresa.

Pasteles

PASTEL DE ALMENDRAS ACOMPAÑADO DE CONSERVA

Este pastel, al servir con fruta, es delicioso y no contiene grasa.

Porciones: 10
Preparación: 25 minutos
Cocción: 45 minutos
Enfriamiento: 90 minutos

Información nutrimental Cada porción aporta:	
Calorías:	82
Fibra:	0.5 g
Proteína:	4 g
Grasa total:	0 g
Grasa saturada:	0 g
Colesterol:	0 mg
Sodio:	116 mg
Carbohidratos:	20 g
Potasio:	- mg

Ingredientes

- 10 claras de huevo
- 1 cucharadita de crémor tártaro
- 1 cucharadita de extracto de vainilla
- ½ cucharadita de extracto de almendras

- ¼ de taza de endulzante sin calorías
- 125 g de harina de trigo integral, cernida

Preparación

Calienta el horno a 180 °C. En un tazón bate las claras de huevo a punto de turrón. Añade el crémor y el extracto de vainilla y de almendras. Sigue batiendo hasta que la mezcla quede firme pero no seca. Agrega el endulzante, de cucharada en cucharada, sin dejar de batir hasta que la mezcla forme picos. Incorpora a la harina mezclando sin que las claras bajen. Vacía a un molde para rosca de unos 23 cm, sin engrasar. Hornea en la parte inferior del horno durante 45 minutos o hasta que la superficie quede dorada. Saca, coloca en una rejilla fría y deja enfriar a temperatura ambiente durante unos minutos. Desmolda y sirve acompañado con la conserva de manzana o con la salsa de jengibre.

Para acompañar

Se pueden acompañar con alguna de las siguientes recetas: conserva de manzana o con una salsa de jengibre y limón (pág. 28) que a continuación te damos.

Conserva de manzana

Porción: ¾ de taza
Preparación: 5 minutos
Cocción: 20 minutos
Enfriamiento: 30 minutos

Ingredientes

- 200 g de manzana
- 75 g de arándanos frescos o congelados

Información nutrimental Cada porción aporta:	
Calorías:	35
Fibra:	0.77 g
Proteína:	0 g
Grasa total:	0 g
Grasa saturada:	0 g
Colesterol:	0 mg
Sodio:	0 mg
Carbohidratos:	10 g
Potasio:	- mg

- ½ taza de jugo de naranja recién exprimido
- ½ cucharada de endulzante sin calorías

Preparación

Pela, descorazona y corta en cuadros pequeños las manzanas. Integra todos los ingredientes en una cacerola y deja que dé un hervor, baja la flama y deja cocinar durante 20 minutos o hasta que la conserva haya espesado. Retira del fuego y deja enfriar a temperatura ambiente antes de servir. Acompaña con el pastel.

SALSA DE JENGIBRE Y LIMÓN

Porciones: 8
Preparación: 10 minutos
Cocción: 20 minutos
Enfriamiento: 30 minutos

Ingredientes

- 50 g de raíz de jengibre
- 1 chorrito de endulzante al gusto
- 2 cucharadas de jugo de limón

Información nutrimental Cada porción aporta:	
Calorías:	4.1
Fibra:	0.9 g
Proteína:	1 g
Grasa total:	0.3 g
Grasa saturada:	0 g
Colesterol:	0 mg
Sodio:	3 mg
Carbohidratos:	34 g
Potasio:	- mg

Preparación

Con un cuchillo quita la parte dura del jengibre y ralla finamente la pulpa, quitando todas las tiras fibrosas. Aparte, en una cacerola pon el jengibre, el limón y una taza de agua. Endulza al gusto. Deja que hierva mezclando de vez en vez; baja la flama y deja cocinar durante 20 minutos o hasta que la salsa haya espesado. Sirve la salsa en un tazón y deja enfriar durante 30 minutos y sirve dos cucharadas sobre el pastel.

ROLLO DE CHOCOLATE CON FRESA

Además de sabroso, este postre te dará todos los beneficios de la vitamina C y el calcio del queso y del tofu.

Porciones: 6
Preparación: 30 minutos
Cocción: 10 minutos
Enfriamiento: 30 minutos

Información nutrimental Cada porción aporta:	
Calorías:	59.8
Fibra:	- g
Proteína:	6.9 g
Grasa total:	1.27 g
Grasa saturada:	0.6 g
Colesterol:	**1 mg**
Sodio:	103 mg
Carbohidratos:	12 g
Potasio:	- mg

Ingredientes

- 3 claras de huevo
- 2 cucharadas de endulzante sin calorías

- 50 g de harina de trigo integral
- 25 g de chocolate en polvo light sin azúcar

Para el relleno

- 125 g de fresas frescas
- 200 g de queso cottage bajo en grasas
- 120 g de tofu
- ¼ de cucharada de endulzante sin calorías

Preparación

En una cacerola grande, donde te quepa un refractario mediano, calienta un poco de agua. Mientras calienta el horno a 220 °C y forra con aluminio una charola para horno de 23 x 30 cm. Reduce la cacerola a fuego bajo e introduce el refractario y pon en ella las claras de huevo y el endulzante para que se cuezan a baño María al mismo tiempo que los estás batiendo durante 10 minutos o hasta que tengan aspecto de mousse y se formen listones al levantarla. Saca el refractario y sigue batiendo durante dos minutos más. Cierne la harina y el chocolate e incorpora al huevo, poco a poco, formando ochos. Vierte a la charola para horno y hornea de siete a 10 minutos o hasta que esté cocida y esponjosa. Saca del horno y voltea la mezcla de inmediato sobre papel encerado o sobre una toalla húmeda y enrolla con todo y el papel y deja durante 30 minutos o hasta que esté frío. Mientras prepara el relleno machacando las fresas con un tenedor. Agrega el endulzante, el queso y el tofu; mezcla perfectamente, cubre el recipiente y refrigera. Desenrolla el pan, quita el papel y unta el relleno, menos en las orilla, y vuelve a enrollar. Sirve.

TIP

1. Si lo deseas, puedes agrega un poco de licor de naranja a las frambuesas al momento de machacarlas y antes del queso.

2. Puedes sustituir la frambuesa por fresas o duraznos.

ZANAHORIA CON NUEZ

Las nueces añaden grasas sanas y un delicioso sabor a la corteza.

Porciones: 8
Preparación: 20 minutos
Cocción: 70 minutos

Información nutrimental Cada porción aporta:	
Calorías:	70
Fibra:	4 g
Proteína:	9 g
Grasa total:	26 g
Grasa saturada:	1 g
Colesterol:	1 mg
Sodio:	60 mg
Carbohidratos:	40 g
Potasio:	- mg

Ingredientes

- ½ taza de nuez de castilla
- ½ taza de avellanas
- 1 taza de galletas María

- 3 cucharadas de endulzante sin calorías
- 1 ¼ de cucharaditas de canela
- 1 ¼ de cucharaditas de jengibre molido
- 3 cucharadas de aceite de oliva
- 2 cucharadas de aceite vegetal
- ½ k de zanahoria pelada y troceada
- 1 cucharada de harina de trigo integral
- ¼ de cucharadita de sal sin sodio
- ¼ de cucharadita de nuez moscada, molida
- Clavos de olor
- 4 claras de huevo, ligeramente batidas
- ¾ de taza de leche descremada

Preparación

Licúa la nuez y las avellanas de forma que queden troceadas. Añade las galletas, una cucharada de endulzante y ¼ de cucharadita de canela y de jengibre. Oprime el botón de pulsar dos o tres veces. Añade el aceite de oliva y el vegetal y vuelve a pulsar hasta que todo esté mezclado; vacía en un molde para horno. Presiona el fondo. Aparte hierve las zanahorias en agua con un poco de sal, hasta que estén tiernas. Saca, escurre y licúa hasta hacer un puré. Deja enfriar sin vaciar. Aparte calienta el horno a 200 °C. Aparte mezcla en un tazón el endulzante restante, la harina, la canela restante, el jengibre, la sal, la nuez moscada y los clavos de olor. Vierte a la licuadora con la zanahoria y mezcla. Añade los huevos y la leche y vuelve a mezclar. Vacía sobre la galleta del molde. Hornea durante 45 minutos o hasta que al insertar un cuchillo, éste salga limpio. Sirve tibio o refrigera y sirve frío.

ESTRUDEL DE PERA

Casi toda la vitamina C de la pera está en su cáscara. Si lo deseas, no la peles. Su delicioso sabor no cambiará y el estrudel se volverá más nutritivo.

Información nutrimental Cada porción aporta:	
Calorías:	152
Fibra:	4 g
Proteína:	2 g
Grasa total:	6 g
Grasa saturada:	3 g
Colesterol:	12 mg
Sodio:	120 mg
Carbohidratos:	25 g
Potasio:	- mg

Porciones: 6
Preparación: 20 minutos
Cocción: 50 minutos

Ingredientes

- ⅓ de taza de concentrado de jugo de manzana, light
- 1 cucharada de jugo de limón
- ¼ de cucharadita de sal sin sodio, y pimienta
- 1 k de peras peladas y picadas
- ⅓ de taza de mermelada para diabéticos light y sin azúcar

- 300 g de pasta hojaldrada
- 2 cucharadas de azúcar sin calorías + 1 cucharada para espolvorear
- 2 cucharadas de endulzante sin calorías

Preparación

En una cacerola a fuego medio hierve el concentrado de manzana, el jugo de limón, la sal y la pimienta. Añade las peras, baja la flama y deja cocer, sin tapar, durante 10 minutos o hasta que las peras estén blandas y el líquido se haya evaporado. Agrega la mermelada y deja enfriar a temperatura ambiente. Precalienta el horno a 200 °C. Aparte, en una superficie plana coloca la pasta hojaldrada. En una sartén a fuego bajo derrite el azúcar y antes de que caramelice barniza la pasta hojaldrada y espolvorea un poco del endulzante. Hazlo dos veces y vierte las peras dejando 5 cm en cada lado. Dobla los lados de la pasta hojaldrada sobre las peras y comienza a enrollar. Conforme enrolles, barniza la pasta y espolvorea el endulzante. Una vez envuelto, coloca sobre un refractario para horno, sin engrasar. Haz varios cortes en diagonal en el rollo y hornea durante 40 minutos o hasta que esté dorada y crujiente. Saca, coloca sobre una rejilla fría, deja enfriar un poco y refrigera. Sirve frío.

Pastel de calabaza con whisky

Este pastel es rico en betacaroteno, vitaminas B, C, hierro y magnesio.

Porciones: 16
Preparación: 15 minutos
Cocción: 50 minutos

Información nutrimental Cada porción aporta:	
Calorías:	182
Fibra:	1 g
Proteína:	4 g
Grasa total:	16 g
Grasa saturada:	- g
Colesterol:	9.7 mg
Sodio:	31 mg
Carbohidratos:	25 g
Potasio:	- mg

Ingredientes

- Aceite en aerosol
- 2 tazas de harina de trigo integral
- ½ cucharadita de bicarbonato de sodio
- 1 cucharadita de sal sin sodio
- 2 cucharaditas de canela
- 10 cucharadas de endulzante sin calorías
- 1 taza de aceite de oliva
- 4 claras de huevo, grandes
- 1 ¾ de taza de puré de calabaza cocida
- ¼ de taza de whisky

Preparación

Precalienta el horno a 180 °C. Aparte rocía con aceite en aerosol un molde para horno. Aparte en un tazón mezcla la harina, el bicarbonato, la sal y la canela. Aparte bate el endulzante, el aceite, los huevos y la calabaza hasta incorporar perfectamente. Vierte esta mezcla con la harina y bate hasta incorporar. Añade el whisky y sigue batiendo. Vacía al molde. Hornea de 45 a 50 minutos o hasta que al introducir un cuchillo éste salga limpio. Saca del horno, coloca en una rejilla fría, deja durante 15 minutos y sirve.

PASTEL DE PIÑA CON ZANAHORIA

Este pastel te brinda gran cantidad de vitamina A, esencial para tu piel.

Porciones: 16
Preparación: 20 minutos
Cocción: 50 minutos

Información nutrimental Cada porción aporta:	
Calorías:	133
Fibra:	3 g
Proteína:	7 g
Grasa total:	- g
Grasa saturada:	14 g
Colesterol:	16.7 mg
Sodio:	195 mg
Carbohidratos:	48 g
Potasio:	- mg

Ingredientes

- 2 ½ tazas de harina de trigo integral
- ½ cucharaditas de bicarbonato de sodio
- ½ cucharadita de sal sin sodio
- 2 cucharaditas de canela
- 4 cucharadas de endulzante sin calorías
- ½ taza de aceite vegetal
- 4 claras de huevo

- ½ taza de puré manzana sin azúcar
- 4 tazas de zanahoria rallada
- 1 taza de piña fresca, machacada y con su jugo
- ½ taza de nueces picadas

Preparación

Precalienta el horno a 180 °C. Cubre con aceite en aerosol dos moldes redondos para horno de 23 cm de diámetro. En un tazón mezcla la harina, el bicarbonato de sodio, la sal y la canela. Aparte en un tazón grande bate el endulzante, el aceite, los huevos y el puré de manzana hasta integrar. Añade a la mezcla de la harina e integra uniformemente. Agrega las zanahorias, la piña, el jugo de la piña y las nueces. Mezcla perfectamente y divide en los dos moldes. Hornea de 45 a 50 minutos o hasta que al introducir un cuchillo éste salga limpio. Saca y coloca sobre un hornilla fría durante 30 minutos y desmolda en dos platos. Sobre un pastel unta la mermelada de fresa (la receta está al final del libro) y coloca el otro pastel encima. Unta más mermelada y sirve.

PASTEL FRANCÉS
DE MANZANA

Casi sin grasa, la manzana es buenísima para la digestión.

Porciones: 8
Preparación: 30 minutos
Cocción: 50 minutos
Enfriamiento: 10 minutos

Información nutrimental Cada porción aporta:	
Calorías:	102
Fibra:	3 g
Proteína:	7 g
Grasa total:	- g
Grasa saturada:	9.5 g
Colesterol:	35 mg
Sodio:	42 mg
Carbohidratos:	46.2 g
Potasio:	- mg

Ingredientes

- Aceite en aerosol
- 3 cucharadas de miel light sin azúcar
- ¼ de endulzante sin calorías
- 4 manzanas peladas y cortadas en octavos
- 1 taza de harina de trigo integral
- ½ cucharadita de polvo para hornear
- 1 cucharadita de jengibre molido
- 1 cucharadita de canela molida
- 3 claras de huevo
- ½ taza de jugo de manzana natural
- 1 cucharada de aceite de girasol
- 1 cucharadita de extracto de vainilla
- 1 taza de yogurt natural bajo en grasa

Preparación

Precalienta el horno a 180 °C. Rocía con aceite en aerosol un molde redondo para hornear de 23 cm de diámetro. En una sartén al fuego con aceite en aerosol agrega una cucharada de miel, el endulzante y calienta hasta que se disuelva. Agrega las manzanas y deja cocer sin dejar de mover, durante 10 minutos. Pasa las manzanas al molde. Aparte, en un tazón mediano, mezcla la harina, el polvo para hornear, el jengibre y la canela. En otro tazón aparte, bate las claras a punto de nieve, incorpora el jugo de manzana, el aceite de girasol, el resto de la miel y la vainilla. Añade un tercio de la mezcla de harina y un tercio del yogurt y así sucesivamente hasta terminar. Mezcla y vacía sobre las manzanas; hornea de 40 a 50 minutos o hasta que suba. Saca, deja enfriar 10 minutos y voltea sobre un plato. Ten cuidado porque el pastel es muy jugoso. Sirve caliente o frío.

PASTEL DE NUEZ

Este delicioso pastel no tiene colesterol y sí grasas monoinsaturadas en vez de saturadas, que ayudan a proteger el corazón.

Porciones: 8
Preparación: 10 minutos
Cocción: 30 minutos

Información nutrimental Cada porción aporta:	
Calorías:	161
Fibra:	1.7 g
Proteína:	3 g
Grasa total:	19 g
Grasa saturada:	3.6 g
Colesterol:	0 mg
Sodio:	71 mg
Carbohidratos:	24 g
Potasio:	- mg

Ingredientes

- ⅔ de taza de nueces
- 1 ⅔ de tazas de harina de trigo integral
- ¼ de cucharadita de sal sin sodio
- ¼ de taza de aceite de nuez
- ¼ de taza de aceite de oliva
- 1 ½ cucharaditas de ralladura de limón
- 1 cucharadita de extracto de vainilla

Preparación

Precalienta el horno a 170 °C. Tuesta las nueces hasta que estén crujientes y suelten el aroma. Saca y licúa junto con ¾ parte de la harina hasta que estén por completo mezcladas y finamente molidas. Pasa la mezcla a un tazón y añade la harina integral y la sal. Agrega el aceite de nuez, el de oliva, la ralladura de limón y la vainilla. Mezcla perfectamente. Coloca la masa en el fondo del molde para pay y presiona. Con un tenedor pincha la masa y hazle triángulos sin llegar al fondo de la masa. Hornea 30 minutos o hasta que la masa esté crujiente. A la mitad del tiempo baja la temperatura a 150 °C. Saca, deja enfriar en el molde y sirve.

PASTEL DE ZANAHORIA

Información nutrimental Cada porción aporta:	
Calorías:	97
Fibra:	2 g
Proteína:	5 g
Grasa total:	6 g
Grasa saturada:	2 g
Colesterol:	**1 mg**
Sodio:	25 mg
Carbohidratos:	- g
Potasio:	- mg

La zanahoria es la reina en cuanto a betacarotenos se refiere, lo que ayuda a neutralizar los radicales libres, y que el organismo puede transformar en vitamina C. Además, las semillas de girasol aumentan el valor nutrimental de este pastel.

Porciones: 8
Preparación: 15 minutos
Cocción: 45 minutos

Ingredientes

- 1 taza de harina integral
- ½ cucharadita de polvo para hornear
- 1 cucharadita de canela

- ½ cucharadita de jengibre molido
- ¼ de cucharadita de cardamomo
- ¼ de cucharadita de sal sin sodio
- 3 cucharadas de aceite vegetal
- ½ taza de endulzante sin calorías
- 2 claras de huevo
- ½ taza de pasas
- 2 ¼ de tazas de de zanahoria rallada
- 2 cucharadas de semillas de girasol

Preparación

Precalienta el horno a 180 °C. Aplica aceite en aerosol a un molde redondo de 23 cm de diámetro. Con papel encerado forra el fondo del molde y vuelve a rociar aceite en aerosol. En una hoja de papel encerado cierne la harina, los polvos para hornear, la canela, el jengibre, el cardamomo y la sal. Aparte, con la batidora bate el aceite vegetal y el endulzante hasta que quede una mezcla ligera y esponjosa. Agrega las claras de una en una. Con movimientos envolventes incorpora las zanahorias, las pasas y las semillas de girasol. Agrega la mezcla de harina. Pasa la masa al molde y hornea 30 minutos o hasta que al insertar un cuchillo, salga limpio. Saca, deja enfriar 20 minutos sobre una rejilla fría y voltea el pastel sobre un plato para que termine de enfriarse.

PASTEL DE PERA
CON YOGURT AL LIMÓN

Un auténtico banquete de calcio y vitamina C.

Porciones: 8
Preparación: 15 minutos
Cocción: 50 minutos

Información nutrimental Cada porción aporta:	
Calorías:	122
Fibra:	3 g
Proteína:	7 g
Grasa total:	6 g
Grasa saturada:	4 g
Colesterol:	**3 mg**
Sodio:	150 mg
Carbohidratos:	- g
Potasio:	- mg

Ingredientes

- ¼ de taza de endulzante sin calorías + 2 cucharadas
- ¼ de taza de aceite vegetal
- 1 cucharada de jugo de limón
- 1 k de peras peladas, sin semillas y en cuartos
- 2 ¼ de tazas de harina integral
- ¼ de cucharadita de polvos para hornear
- ¼ de cucharadita de sal sin sodio
- 2 claras de huevo
- 1 ¼ de cucharaditas de ralladura de limón
- 3 ¼ de tazas de yogurt natural descremado

Preparación

Precalienta el horno a 180 °C. En una sartén antiadherente, de 25 cm de diámetro, para horno mezcla dos cucharadas de endulzante, una cucharada de aceite y el jugo de limón. Ponlo a fuego medio hasta que se funda el endulzante y se vuelve dorada la mezcla. Retira del fuego y coloca las peras, una junto a la otra, con la parte delgada hacia el centro, hasta que completes el círculo del sartén. Aparte, en un tazón mediano cierne la harina, los polvos para hornear y la sal. Reserva. Aparte, con la batidora, bate el aceite restante con dos cucharadas de endulzante y, sin dejar de batir, añade las claras, de una en una. Incorpora una cucharadita de ralladura de limón. Sigue batiendo e incorpora la mezcla de harina y 1 ¼ de tazas de yogurt. Una vez que esté perfectamente batido, vacía la mezcla sobre las peras y hornea 65 minutos, o cuando al insertar un palillo éste salga limpio. Mientras el pastel se encuentra en el horno, cuela, en un colador de malla fina, el resto del yogurt y déjalo escurrir. Mézclalo con la ralladura restante y el endulzante. Saca el pastel del horno, deja enfriar a temperatura ambiente, ponle un plato encima y voltéalo. Sírvelo con la salsa de yogurt encima.

PASTEL DE QUESO, AVELLANAS Y CHOCOLATE

Las avellanas son una excelente fuente de fibra dietética, potasio, calcio, magnesio, cobre y grasas saludables.

Porciones: 12
Preparación: 15 minutos
Cocción: 50 minutos
Refrigeración: 2 horas

Información nutrimental Cada porción aporta:	
Calorías:	158
Fibra:	1 g
Proteína:	8 g
Grasa total:	7 g
Grasa saturada:	1 g
Colesterol:	15 mg
Sodio:	186 mg
Carbohidratos:	83 g
Potasio:	- mg

Ingredientes

- ⅓ de taza de avellanas
- 1 taza de galletas integrales molidas
- 1 cucharada de aceite vegetal
- ¼ de taza de agua
- ¼ de taza de cocoa en polvo, sin azúcar
- 500 g de tofu
- 1 taza de queso cottage bajo en grasa
- 30 g de chocolate semidulce derretido, bajo en grasa
- ½ taza de endulzante sin calorías
- 2 cucharadas de harina
- 2 claras de huevo
- 1 cucharadita de extracto de vainilla

Preparación

Precalienta el horno a 190 °C y mete las avellanas a tostar hasta que la piel se les arrugue. Ponlas en una servilleta de papel y quítales la piel. Déjalas enfriar, pícalas finamente y reserva. Aparte, en un molde para horno redondo con las orillas desprendibles mezcla las galletas con el aceite y una cucharada de agua. Comprime la mezcla en la base y hornea ocho minutos o hasta que se dore. Sácalo, deja que se enfríe y baja la temperatura del horno a 175 °C. Aparte, en un tazón mezcla la cocoa con un cuarto de taza de agua hasta que esté humedecida. Aparte licúa el tofu, el queso, el chocolate, el endulzante, la harina, las claras, la vainilla y la cocoa hasta obtener una mezcla homogénea. Rocía un molde con aceite en aerosol y vierte la mezcla. Hornea 40 minutos, baja la temperatura a 120 °C, espolvorea la superficie con las avellanas y hornea 10 minutos o hasta que al introducir un palillo salga limpio. Sácalo, déjalo enfriar a temperatura ambiente y refrigéralo dos horas.

Pays

PAY DE QUESO CON CALABAZA

Este pay está pensado para hacerse con calabaza de castilla, ya que es más rica en betacaroteno, un poderoso antioxidante que refuerza el sistema inmunológico.

Porciones: 12
Preparación: 20 minutos
Cocción: 120 minutos
Enfriamiento: 4 horas

Información nutrimental Cada porción aporta:	
Calorías:	176
Fibra:	1 g
Proteína:	10 g
Grasa total:	9 g
Grasa saturada:	4.3 g
Colesterol:	10 mg
Sodio:	72 mg
Carbohidratos:	95 g
Potasio:	- mg

Ingredientes

- 12 galletas de jengibre
- 1 cucharada de aceite vegetal

- 6 cucharadas de endulzante sin calorías
- 750 g de queso cottage bajo en grasa
- 450 g de puré de calabaza
- 4 claras de huevo
- ½ taza de yogurt natural sin grasa
- 1 cucharadita de extracto de vainilla
- ¼ de cucharadita de sal sin sodio

Preparación

Precalienta el horno a 150 °C. Rocía un molde para pan de 23 cm, con aceite en aerosol. Aparte, licúa las galletas. Con ellas cubre el fondo del molde y presiona para comprimirlas. Aparte, en un tazón bate el queso y el azúcar hasta incorporar. Sin dejar de batir agrega la calabaza y las claras de una en una. Incorpora el yogurt, la vainilla y la sal. Sigue batiendo hasta incorporar perfectamente. Vierte la masa en el molde y hornea 90 minutos. Apaga el horno y deja el pastel dentro 30 minutos más. Saca, deja enfriar al temperatura ambiente, refrigera cuatro horas y sirve.

PAY DE QUESO
AL LIMÓN REAL

Bríndale a tu cuerpo todos los beneficios del calcio contenido en los quesos de este pay.

Porciones: 12
Preparación: 20 minutos
Cocción: 65 minutos

Información nutrimental Cada porción aporta:	
Calorías:	160
Fibra:	0 g
Proteína:	8 g
Grasa total:	6 g
Grasa saturada:	2 g
Colesterol:	**11 mg**
Sodio:	40 mg
Carbohidratos:	65 g
Potasio:	- mg

Ingredientes

- 100 g de galletas María
- 2 cucharadas de aceite vegetal
- 2 ½ tazas de queso cottage descremado
- ¼ de taza de azúcar para diabéticos + 1 cucharada
- 4 claras de huevo
- 2 cucharadas de harina
- 1 ½ cucharaditas de ralladura de limón
- 1 ½ cucharaditas de ralladura de limón real
- 1 cucharada de jugo de limón
- 1 cucharada de jugo de limón real
- ¼ de cucharadita de sal sin sodio
- ½ taza de crema ácida baja en grasa

Preparación

Precalienta el horno a 180 °C. Licúa las galletas, añade el aceite y vuelve a licuar. Con esta mezcla cubre el fondo de un molde redondo de 23 cm de diámetro. Aprieta bien las galletas. Hornea 10 minutos y saca. Licúa el queso cottage hasta que tome una consistencia tersa y aparta. Aparte, con la batidora mezcla las claras, de una en una, incorporando bien; añade el azúcar. Agrega el queso cottage, la harina, las ralladuras, los jugos y la sal. Vierte la mezcla en el molde y hornea 50 minutos o hasta que se cueza. Mezcla la crema agria y el azúcar restante. Unta sobre el pastel y mételo al horno cinco minutos. Saca, deja enfriar a temperatura ambiente y refrigera.

Pay de yogurt con fresas

Las fresas son un potente antioxidante, además de contener mucha vitamina C, lo que ayuda a tu cuerpo a tener un sistema inmunológico fuerte.

Porciones: 8
Preparación: 25 minutos
Cocción: 40 minutos
Refrigeración: 1 hora

Información nutrimental Cada porción aporta:	
Calorías:	232
Fibra:	2 g
Proteína:	8 g
Grasa total:	5 g
Grasa saturada:	2 g
Colesterol:	**20 mg**
Sodio:	112 mg
Carbohidratos:	36 g
Potasio:	- mg

Ingredientes

- 1 taza de harina
- ¼ de cucharadita de sal sin sodio
- 4 cucharadas de aceite vegetal
- 2 cucharadas de crema ácida baja en grasa
- 2 tazas de queso de yogurt (la receta se incluye enseguida)
- 2 cucharadas de endulzante sin calorías
- ¼ de cucharadita de extracto de vainilla
- 2 ½ tazas de fresas en mitades
- 2 kiwis, pelados y rebanados
- ¼ de taza de mermelada light sin azúcar de fresa

Preparación

Con la batidora bate la harina, la sal y el aceite hasta obtener una mezcla espesa. Aparte, ponle una cucharada de agua helada a la crema y vierte en la mezcla de la harina y mueve. Forma un disco con la masa, envuélvelo en papel autoadherente y refrigera una hora. Precalienta el horno a 180 °C. Enharina una superficie plana, extiende la masa sobre ella y cubre el fondo de un molde para pay de 23 cm de diámetro. Cubre la masa con papel de aluminio y ponle encima frijoles crudos. Introduce al horno y deja 20 minutos o hasta que comience a cocerse. Saca, quita los frijoles y el aluminio y vuelve a hornear 15 minutos más. Saca y deja enfriar por completo. Mientras, mezcla el queso de yogurt, el endulzante y la vainilla. Extiende sobre el pay y acomoda las fresas y los kiwis. Aparte, en una cacerola calienta a fuego bajo la mermelada y barniza la fruta con ella. Deja enfriar completamente y sirve.

QUESO DE YOGURT

Porciones: 2 tazas
Preparación: 12 horas

Ingredientes

- 1 l de yogurt natural sin grasa

Preparación

Información nutrimental Cada ¼ de taza aporta:	
Calorías:	50
Fibra:	0 g
Proteína:	6 g
Grasa total:	2 g
Grasa saturada:	0.8 g
Colesterol:	**3 mg**
Sodio:	36 mg
Carbohidratos:	11 g
Potasio:	- mg

Forra un colador con tela fina, o
en un filtro para café, y deja escurrir el yogurt. Refrigera toda la noche.

Flanes

FLAN DE NARANJA

Nadie se puede resistir a un suculento flan, y menos cuando está elaborado con muy pocas calorías y mucha vitamina C.

Porciones: 8
Preparación: 15 minutos
Cocción: 45 minutos

Información nutrimental Cada porción aporta:	
Calorías:	70
Fibra:	0 g
Proteína:	8 g
Grasa total:	3 g
Grasa saturada:	1 g
Colesterol:	2 mg
Sodio:	170 mg
Carbohidratos:	65 g
Potasio:	- mg

Ingredientes

- 8 cucharadas de endulzante sin calorías + ½ cucharadita
- 2 tazas de leche light
- 1 taza de leche evaporada light

- 6 tiras de cáscara de naranja
- ¼ de cucharadita de sal sin sodio
- 4 claras de huevo
- ½ cucharadita de extracto de vainilla

Preparación

Hierve ¾ de taza de agua con cuatro cucharadas de endulzante a fuego medio, sin mover, por cinco minutos o hasta que se haga caramelo; vierte el líquido en ocho flaneras individuales; acomódalas en una charola para horno y aparta. Hierve a fuego medio las dos leches, cuatro cucharadas de endulzante, la cáscara de naranja y la sal. Retira, tapa y deja reposar 30 minutos a temperatura ambiente. Quita la cáscara. Precalienta el horno a 160 °C. En un tazón mezcla perfectamente las claras, la vainilla y ½ cucharadita de endulzante; integra. Cuela la leche sobre esta mezcla y bate. Vierte la mezcla sobre las flaneras. Vacía el agua hirviendo sobre la charola y hornea 45 minutos. Saca y pon las flaneras sobre una rejilla a temperatura ambiente durante 15 minutos y refrigera antes de servir.

FLAN DE VAINILLA

Información nutrimental Cada porción aporta:	
Calorías:	41
Fibra:	0 g
Proteína:	5 g
Grasa total:	1 g
Grasa saturada:	0 g
Colesterol:	**1 mg**
Sodio:	110 mg
Carbohidratos:	45 g
Potasio:	- mg

Delicioso y con muy pocas grasas y colesterol, disfrútalo al máximo.

Porciones: 6
Preparación: 15 minutos
Cocción: 40 minutos

Ingredientes

- ¼ de taza de endulzante sin calorías
- 1 cucharada de agua caliente
- 2 tazas de leche light
- ⅛ de cucharadita de sal sin sodio
- 1 clara de huevo
- ½ cucharadita de vainilla
- ⅛ de cucharadita de extracto de miel de maple light sin azúcar

Preparación

Calienta la mitad del endulzante en una cacerola a fuego medio hasta que se derrita. Retira del fuego, agrega el agua caliente y vuelve a calentar hasta que la mezcla adquiera un color caramelo. Vierte en seis flaneras individuales. Calienta el horno a 180 °C. Mezcla la leche, el endulzante restante y la sal. Añade la clara, la vainilla y el extracto de maple. Mezcla bien y vierte a cada flanera. Coloca las flaneras en una charola para horno, vierte un poco de agua en la charola y hornea 40 minutos o hasta que al introducir un palillo este salga limpio.

Galletas

GALLETAS INTEGRALES DE CHOCOLATE CON NUEZ

Excelentes para acompañar el café, estas galletas tienen todos los beneficios de la harina integral y de la nuez, además de ser bajísimas en grasa.

Porciones: 25
Preparación: 40 minutos
Cocción: 15 minutos

Información nutrimental Cada galleta aporta:	
Calorías:	52
Fibra:	- g
Proteína:	1 g
Grasa total:	- g
Grasa saturada:	3 g
Colesterol:	10 mg
Sodio:	1 mg
Carbohidratos:	10.6 g
Potasio:	- mg

Ingredientes

- 4 cucharadas de aceite vegetal
- 4 cucharadas de endulzante sin calorías

- 180 g de harina integral
- ½ cucharadita de polvos para hornear
- 2 ½ cucharadas de leche descremada light
- 4 cucharadas de nuez picada
- ⅓ taza de pasas
- Aceite vegetal en aerosol
- 30 g de chocolate amargo, bajo en calorías

Preparación

Precalienta el horno a 160 °C. En un recipiente grande mezcla el aceite y el endulzante. Aparte, cierne la harina con los polvos para hornear e incorpora junto con la leche, la nuez y las pasitas a la mezcla de aceite y endulzante. Amasa durante cinco minutos hasta obtener una masa homogénea. Forma con la masa 25 bolitas, presiona hasta que tengan forma de galleta y colócalas separadas sobre una charola para hornear previamente engrasa con aceite en aerosol. Hornea de 20 a 25 minutos o hasta que estén cocidas y semi doradas. Aparte, derrite el chocolate en baño María y con una duya decora las galletas.

GALLETAS DE CALABAZA CON NUEZ

Disfruta de estas galletas y del beta-caroteno y fibra que contienen.

Porciones: 24
Preparación: 15 minutos
Cocción: 15 minutos

Información nutrimental Cada porción aporta:	
Calorías:	48
Fibra:	1 g
Proteína:	1 g
Grasa total:	- g
Grasa saturada:	3 g
Colesterol:	0 mg
Sodio:	40 mg
Carbohidratos:	9 g
Potasio:	- mg

Ingredientes

- ½ taza de harina
- ½ taza de harina integral
- ½ cucharadita de canela
- ¼ de cucharadita de sal sin sodio
- ¼ de cucharadita de bicarbonato de sodio
- ¼ de cucharadita de pimienta molida
- 2 cucharadas de endulzante sin calorías
- 3 cucharadas de miel light sin azúcar
- ¼ de taza de aceite vegetal
- 1 clara de huevo grande
- 1 taza de calabaza cocida y en puré
- ⅓ de taza de nuez de castilla

Preparación

Precalienta el horno a 190 °C. Rocía aceite en aerosol a dos moldes. En un tazón cierne las harinas, la canela, la sal, el bicarbonato y la pimienta. Aparte, bate el endulzante, la miel, el aceite y la clara de huevo; mezcla con el puré de calabaza. Añade la mezcla de harina e incorpora bien. Agrega las nueces y mezcla. Llena cucharones con esta masa y vierte cada porción en una charola para hornear; deja 3 cm de distancia entre cada una de ellas. Hornea durante 15 minutos o hasta que al introducir un cuchillo en la masa éste salga limpio. Saca la charola y deja enfriar.

GALLETAS DE AVENA CON ZANAHORIA

La avena reduce los niveles de colesterol en la sangre.

Porciones: 48
Preparación: 20 minutos
Cocción: 12 minutos

Información nutrimental Cada galleta aporta:	
Calorías:	42
Fibra:	0.5 g
Proteína:	1 g
Grasa total:	3 g
Grasa saturada:	0 g
Colesterol:	0.5 mg
Sodio:	59 mg
Carbohidratos:	8 g
Potasio:	- mg

Ingredientes

- 1 taza de harina
- 2 ½ cucharaditas de levadura
- ½ cucharadita de sal sin sodio

- ½ cucharadita de canela
- ¼ de cucharadita de clavo de olor molido
- 1 taza de avena
- 1 clara de huevo
- ½ taza de aceite vegetal
- 1 cucharadita de esencia de vainilla
- ½ taza de endulzante sin calorías
- 1 taza de zanahoria rallada
- ¾ de taza de nuez

Preparación

Calienta el horno a 190 °C. Rocía spray en dos moldes para hornear. En un tazón mezcla la harina, la levadura, la sal, la canela y los clavos de olor. Mezcla perfectamente y añade la avena. Aparte, bate el huevo, el aceite y la vainilla; añade el endulzante e incorpora poco a poco a la mezcla de harina, sin dejar de batir. Añade las nueces y la zanahoria; sigue batiendo. Vierte cucharaditas de la masa en los moldes para hornear, con una distancia de 5 cm entre sí. Hornea de 10 a 12 minutos, hasta que se doren y los bordes se obscurezcan. Saca y deja enfriar.

Galletas de yogurt y nuez

Estas galletas tienen mucho calcio. Además se le agregaron nueces, lo que las hace más sabrosas y con el aporte extra de tener grasas saludables.

Porciones: 24
Preparación: 20 minutos
Cocción: 17 minutos

Información nutrimental Cada galleta aporta:	
Calorías:	32
Fibra:	1 g
Proteína:	3 g
Grasa total:	- g
Grasa saturada:	1.5 g
Colesterol:	0 mg
Sodio:	170 mg
Carbohidratos:	6 g
Potasio:	- mg

Ingredientes

- ½ taza de nueces
- 1 ¼ de tazas de harina de trigo integral
- ¼ de cucharada de endulzante sin calorías
- 1 cucharadita de sal sin sodio
- ½ cucharadita de bicarbonato
- 1 taza de yogurt natural, descremado
- 1 clara de huevo grande

Preparación

Precalienta el horno a 200 °C y tuesta las nueces cinco minutos o hasta que se doren. Saca, no apagues el horno, y licúa con un cuarto de taza de harina hasta que las nueces estén muy molidas. Vacía a un tazón y añade la harina restante, el endulzante, la sal y el bicarbonato. Vacía a una charola grande y haz un hueco en medio. Aparte, en otro tazón bate perfectamente el yogurt con la clara y vacía al hueco de la harina. Mezcla ligeramente. En una superficie enharinada pon la masa y extiéndela con un rodillo hasta que tenga un grosor de 2 cm. Corta la masa en círculos de 5 cm de diámetro, aplánalos un poco y ponlos en una charla para horno. Hornea de 15 a 17 minutos o hasta que estén dorados.

Natillas y budines

NATILLA DE FRAMBUESA, FRESA Y ARÁNDANOS

Este delicioso postre está elaborado con semillas de frambuesas, fresas y arándanos, ya que en ellas se encuentra gran cantidad de fibra dietética.

Porciones: 10
Preparación: 20 minutos
Refrigeración: 6 horas

Información nutrimental Cada porción aporta:	
Calorías:	95.6
Fibra:	0 g
Proteína:	5.2 g
Grasa total:	1.8 g
Grasa saturada:	0 g
Colesterol:	2.4 mg
Sodio:	30 mg
Carbohidratos:	12 g
Calcio:	6.8 mg

Ingredientes

- 1 l de yogurt natural descremado
- 300 g de frambuesas congeladas, sin endulzar, descongeladas

- 2 tazas de fresas frescas o congeladas, sin endulzar
- ¼ de taza de endulzante sin calorías
- 1 ½ cucharaditas de extracto de vainilla
- 3 cucharaditas de maicena disueltas en 2 cucharadas de agua
- 300 g de arándanos congelados, sin endulzar
- 2 cucharadas de jugo de naranja
- ¼ de cucharadita de pimienta negra
- ¼ de cucharadita de pimienta blanca
- 1 cucharada de jugo de limón

Preparación

Cuela el yogurt en una coladera y quédate con lo que se cuele. Deja reposar cuatro horas a temperatura ambiente. Licúa las frambuesas, las fresas, la mitad del endulzante y media cucharadita de vainilla, hasta hacer un puré. Ponlo a hervir a fuego medio. Añade, sin dejar de mover, la mitad de la mezcla de maicena y deja hervir, sin dejar de mover, durante un minuto o hasta que espese un poco. Deja enfriar, pasa a un tazón y refrigera tapado. Mientras, en una cacerola mezcla dos cucharadas de endulzante, los arándanos, el jugo de naranja, la pimienta negra y la blanca. Deja hervir a fuego lento o hasta que los arándanos estén blandos. Añade la maicena restante y deja que hierva durante un minuto sin dejar de mover o hasta que haya espesado. Pasa a un tazón, añade el jugo de limón, tapa y refrigera. Aparte, en un tazón mediano mezcla el yogurt colado, el endulzante y la vainilla sobrante. Para servir, divide la mezcla de fresas en cuatro tazones. Pon los arándanos en el centro y vierte el yogurt encima, poco a poco, tratando de formar una figura.

NATILLA DE LIMA

Con muy pocas calorías y nada de colesterol, la lima es una buena y sabrosa opción para obtener vitamina C.

Porciones: 12
Preparación: 20 minutos
Refrigeración: 6 horas

Información nutrimental Cada porción aporta:	
Calorías:	123
Fibra:	0 g
Proteína:	5 g
Grasa total:	5 g
Grasa saturada:	2 g
Colesterol:	**1 mg**
Sodio:	99 mg
Carbohidratos:	1.1 g
Potasio:	- mg

Ingredientes

- 6 claras de huevo
- 3 cucharadas de aceite vegetal
- ¾ de taza de endulzante sin calorías
- 1 cucharada de ralladura de cáscara de lima
- ¾ de taza de jugo de lima
- 225 g de galletas Marías

Preparación

Bate perfectamente las claras de huevo hasta que estén espumosas. Aparte pon a baño María el aceite y el endulzante hasta que se mezclen, agrega la cáscara de lima y el jugo; mueve. Añade el huevo y deja hasta que la mezcla espese, unos seis minutos, retira del fuego y deja enfriar. Parte las galletas y forra con ellas el fondo de un recipiente, de litro y medio, para horno. Coloca una taza de la mezcla de lima, encima una capa de galletas, otra taza de lima y así sucesivamente hasta terminar con una capa de la salsa de lima. Refrigera seis horas, o toda la noche, y para servir adorna con ralladura de cáscara de lima.

Budín de Zarzamoras y Frambuesas

Este delicioso budín está hecho con pan integral, para que recibas los beneficios de su fibra. Las zarzamoras y las fresas también tienen mucha fibra, para lograr una buena digestión, y vitamina C, que ayuda a aumentar las defensas de tu organismo.

Información nutrimental Cada porción aporta:	
Calorías:	196
Fibra:	4 g
Proteína:	3 g
Grasa total:	5 g
Grasa saturada:	3 g
Colesterol:	14 mg
Sodio:	165.5 mg
Carbohidratos:	16.7 g
Potasio:	- mg

Porciones: 8
Preparación: 25 minutos
Hornear: 8 horas

Ingredientes

- 2 tazas de zarzamoras
- 2 tazas de frambuesas
- 1 taza de moras
- ½ taza de mermelada de frambuesa light sin azúcar
- ¼ de taza de miel light sin azúcar
- 2 cucharadas de endulzante sin calorías
- 1 cucharada de jugo de limón
- 10 rebanadas de pan integral, duro y sin corteza
- ⅓ de taza de crema baja en grasas, batida

Preparación

Cuece dos minutos, a fuego bajo, las zarzamoras, las frambuesas, la mora, la jalea, la miel y el endulzante. Añade el jugo de limón y aparta la mezcla. Forra un molde o un tazón con papel auto adherente (te debe quedar sobrante para taparlo). Corta diagonalmente por la mitad el pan y forra con él, el fondo del molde (te debe sobrar pan). Vierte la mezcla de zarzamoras, con su jugo, y cubre con el resto del pan. Cubre el budín con la envoltura de papel. Tapa y refrigera ocho horas. Saca, desmolda y sirve con la crema batida.

BUDÍN DE ZANAHORIA

Prepara este suculento budín con todos los beneficios que proporciona la zanahoria, como estimular las funciones digestivas del organismo.

Porciones: 8
Preparación: 45 minutos
Hornear: 30 minutos

Información nutrimental Cada porción aporta:	
Calorías:	198
Fibra:	44 g
Proteína:	7 g
Grasa total:	6 g
Grasa saturada:	3 g
Colesterol:	22 mg
Sodio:	30 mg
Carbohidratos:	8 g
Potasio:	- mg

Ingredientes

- 1 taza de miga de pan integral
- 3 tazas de leche descremada y caliente
- 50 g de higos frescos

- 2 cucharadas de endulzante líquido
- 1 cucharada de queso cottage descremado
- 1 cucharaditas de canela molida
- 50 g de zanahoria finamente rallada
- 1 clara de huevo batido
- aceite en aerosol

Preparación:

Durante 30 minutos remoja las migas en la leche; luego licúa hasta obtener una textura homogénea. Incorpora los higos, el endulzante, el queso y la canela. Mezcla hasta incorporar perfectamente. Añade a la mezcla la zanahoria junto con el huevo. Bate a máxima potencia hasta formar una mezcla ligera. Rocía con el aceite el molde para horno, vacía la preparación y hornea a 240 °C, durante 30 minutos o hasta que al introducir un palillo éste salga limpio y la superficie dorada. Saca, coloca sobre una rejilla fría, deja enfriar, desmolda y sirve.

BUDÍN DE NUECES Y PASAS

Las nueces proveen de fibra (para una buena digestión) y de minerales (para tener fuerza, energía y muy activos a nuestros glóbulos blancos).

Información nutrimental Cada porción aporta:	
Calorías:	128
Fibra:	0.5 g
Proteína:	5 g
Grasa total:	7.5 g
Grasa saturada:	1 g
Colesterol:	50 mg
Sodio:	58 mg
Carbohidratos:	11.2 g
Potasio:	- mg

Porciones: 4
Preparación: 12 minutos
Cocción: 30 a 35 minutos

Ingredientes

- ½ taza de jugo de naranja fresco
- 1 yema de huevo
- 1 cucharadita de miel light sin azúcar
- 1 cucharadita de extracto de vainilla
- 100 g de arroz cocido
- 35 g de nueces tostadas y picadas
- 3 claras de huevo
- Aceite vegetal en aerosol

Preparación

Precalienta el horno a 160 °C. En un tazón grande mezcla el jugo de naranja con la yema de huevo, la miel y la vainilla. Agrega el arroz y las nueces; mezcla perfectamente. En otro tazón aparte bate las claras a punto de nieve e incorpora a la mezcla de arroz. Integra perfectamente. Vierte la mezcla a cuatro moldes individuales para hornear, previamente engrasados con el aceite. Coloca los moldes en una charola para hornear y, poco a poco, vierte agua en la charola, que no llegue más allá de los 3 cm. Se van a cocinar a baño María. Hornear de 30 35 minutos, saca, deja enfriar ligeramente y sirve.

BUDÍN DE AMARANTO
CON FRUTAS Y PIÑONES

El amaranto es una rica fuente de magnesio, hierro, fibra y lisina, esta última esencial para la absorción del calcio y de las proteínas.

Porciones: 4
Preparación: 12 minutos
Cocción: 30 a 35 minutos

Información nutrimental Cada porción aporta:	
Calorías:	216
Fibra:	8.8 g
Proteína:	14 g
Grasa total:	6.5 g
Grasa saturada:	0.4 g
Colesterol:	7 mg
Sodio:	243 mg
Carbohidratos:	7 g
Potasio:	- mg

Ingredientes

- 2 cucharadas de piñones
- 3 tazas de leche descremada
- 1 taza de amaranto entero
- ¼ de taza de miel maple light y sin azúcar
- 2 cucharaditas de ralladura de naranja
- 2 cucharaditas de ralladura de limón

- ¼ de cucharadita de cardamomo molido
- ¼ de cucharadita de sal sin sodio
- ½ cucharadita de extracto de vainilla

Preparación

Precalienta el horno a 175 °C y tuesta ahí mismo los piñones durante tres minutos o hasta que se doren. Aparte, en una olla grande mezcla la leche, el amaranto, la miel, la ralladura de limón y naranja, el cardamomo y la sal. Deja hervir, baja el fuego, tapa y deja cocinando, moviendo de vez en cuando, 35 minutos o hasta que el amaranto esté blando. Retira del fuego y añade los piñones y la vainilla; mezcla perfectamente y deja enfriar a temperatura ambiente. Sirve.

Budín de pan y plátano

Hecho con poca grasa y sin colesterol, este budín es una buena fuente de vitamina B, potasio, folato y selenio.

Porciones: 4
Preparación: 10 minutos
Cocción: 35 minutos

Información nutrimental Cada porción aporta:	
Calorías:	123
Fibra:	2 g
Proteína:	5 g
Grasa total:	3 g
Grasa saturada:	1 g
Colesterol:	**7 mg**
Sodio:	62 mg
Carbohidratos:	24 g
Potasio:	- mg

Ingredientes

- 200 g de pan de hogaza, en cuadritos
- 1 k de plátanos muy maduros
- 2 cucharadas de endulzante sin calorías
- 2 ½ tazas de leche de arroz (enseguida encontrarás la receta)
- 3 claras de huevo grandes
- ½ cucharadita de extracto de vainilla
- ¼ de cucharadita de nuez moscada rallada
- ¼ de cucharadita de sal sin sodio

Preparación

Precalienta el horno a 200 °C y tuesta los cuadritos de pan hasta que estén crujientes. Saca del horno y baja la temperatura a 175 °C. Aparte, en un tazón machaca los plátanos, agrega el endulzante y mezcla. Añade la leche de arroz, las claras de huevo, la vainilla, la nuez moscada y la sal. Mezcla. Pon los cuadritos de pan en un refractario cuadrado (22 x 22 cm) y vierte la mezcla. Hornea 35 minutos o hasta que el budín haya subido y esté cocido. Saca, deja enfriar a temperatura ambiente y sirve.

LECHE DE ARROZ

Porciones: 1 litro
Preparación: 5 minutos
Cocción: 60 minutos

Ingredientes

- 15 tazas de agua
- 1 taza de arroz integral
- 1 cucharadita de vainilla (opcional)
- 1 cucharadita pequeña de aceite vegetal sin refinar (cártamo o girasol). Es opcional y sirve para enriquecer esta bebida con un poco de ácidos grasos.

Información nutrimental Cada porción aporta:	
Calorías:	282
Fibra:	2.5 g
Proteína:	8 g
Grasa total:	8 g
Grasa saturada:	3.1 g
Colesterol:	**0 mg**
Sodio:	5.2 mg
Carbohidratos:	68 g
Potasio:	- mg

Preparación

Cuece el arroz en el agua durante una hora. Cuela y añade la vainilla y el aceite.

Tip

Recuerda que la leche de arroz sólo dura uno o dos días refrigerada ya que no tiene conservadores, ni ha sufrido proceso industrial alguno.

Budín de piña colada

Porciones: 4
Preparación: 35 minutos
Cocción: 10 minutos
Refrigeración: 80 minutos

Información nutrimental Cada porción aporta:	
Calorías:	170
Fibra:	1 g
Proteína:	9 g
Grasa total:	4 g
Grasa saturada:	1 g
Colesterol:	0 mg
Sodio:	175 mg
Carbohidratos:	46 g
Potasio:	- mg

Ingredientes

- 3 tazas de leche de soya natural
- $1/3$ de taza de pulpa de coco fresco
- 4 cucharadas de endulzante sin calorías
- $1/8$ de cucharadita de sal sin sodio
- 1 paquete de gelatina sin sabor y sin calorías
- 1 taza de piña fresca, escurrida y machacada

Preparación

Hierve a fuego medio una cacerola con 2 ¾ de tazas de leche de soya junto con el endulzante y la sal. Retira del fuego, tapa y deja reposar 30 minutos a temperatura ambiente. Cuela en un tazón presionando la pulpa de coco para extraer todo el líquido. Aparte, en una taza vierte la gelatina con la leche de soya restante y déjala que se ablande, cerca de cinco minutos. Ponla a baño María a fuego bajo dos minutos o hasta que se disuelva la gelatina. Incorpora la leche de soya a la gelatina y pon todo a reposar en un tazón grande con hielo y agua. Mueve ocasionalmente y deja 20 minutos o hasta que comience a cuajar. Agrega la piña y pasa la mezcla a cuatro tazones individuales, tapa y refrigera hasta que cuaje. Aproximadamente una hora.

Pan

PAN DE DOS AVENAS

La avena es rica en proteínas, hierro, y vitamina B; además, tiene fibra soluble, lo que ayuda a disminuir el colesterol en la sangre.

Porciones: 16
Preparación: 15 minutos
Reposo: 90 minutos
Cocción: 60 minutos

Información nutrimental Cada porción aporta:	
Calorías:	183
Fibra:	3 g
Proteína:	6 g
Grasa total:	- g
Grasa saturada:	1 g
Colesterol:	0 mg
Sodio:	260 mg
Carbohidratos:	14.3 g
Potasio:	- mg

Ingredientes

- ½ taza de nueces
- 4 tazas de hojuelas de avena
- 1 paquete (7 g) de levadura seca

- 2 ¼ de tazas de agua tibia
- ¼ de cucharadita de endulzante sin calorías
- 2 ½ tazas de harina de trigo
- 1 cucharada de azúcar para diabéticos
- 1 cucharada de aceite vegetal
- 2 cucharaditas de sal sin sodio

Preparación

Precalienta el horno a 180 °C. Pon las nueces en una charola para horno y hornéalas siete minutos o hasta que estén crujientes. Sácalas, déjalas enfriar a temperatura ambiente y pícalas. En otra charola para horno hornea la avena, deja que se tueste un poco, moviendo de vez en vez. Apaga el horno, saca la avena y pon dos tazas de esa avena en la licuadora y licúa hasta que quede como harina. Aparte, en un tazón mezcla la levadura, ¼ de taza de agua y el endulzante. Deja reposar cinco minutos o hasta que haga espuma. Añade dos tazas de agua tibia, la harina de trigo, el azúcar, el aceite, la sal, la harina de avena, las hojuelas de avena y las nueces. Mueve la mezcla tres minutos, tapa y deja a temperatura ambiente una hora. Se debe duplicar su volumen. Mientras, rocía dos moldes para pan de 12 x 22 cm con aceite en aerosol. Pincha la masa con un tenedor y pásala a los moldes. Tapa y deja a temperatura ambiente hasta que duplique su volumen. Precalienta el horno a 180 °C e introduce el pan y deja una hora o hasta que esté dorado y crujiente. Sácalo, deja que enfríe y disfruta su sabor.

PAN DE LIMÓN CON SEMILLAS DE AMAPOLA

Información nutrimental Cada porción aporta:	
Calorías:	160
Fibra:	1 g
Proteína:	4 g
Grasa total:	- g
Grasa saturada:	2 g
Colesterol:	8 mg
Sodio:	71 mg
Carbohidratos:	15 g
Potasio:	- mg

Las semilla de amapola le dan un sabroso aroma a este delicioso pan rico en vitamina C.

Porciones: 12
Preparación: 10 minutos
Cocción: 60 minutos

Ingredientes

- 2 cucharadas de semillas de amapola
- ¼ de taza de aceite vegetal
- ½ taza de endulzante sin calorías
- 1 cucharadas de margarina sin sal
- 2 claras de huevo
- 1 cucharada de ralladura de limón
- 1 taza de yogurt natural descremado
- 1 cucharadita de bicarbonato de sodio
- 1 taza de harina de maíz amarillo
- 1 taza de harina de trigo

Preparación

Precalienta el horno a 180 °C e introduce las semillas en una charola para hornear. Sácalas hasta que estén crujientes. Rocía con aceite en aerosol un molde para pan de 12 x 22 cm. Aparte, con la batidora bate el aceite, el endulzante y la margarina. Añade las claras, de una en una, sin dejar de batir. Agrega la ralladura. Aparte, en un tazón mezcla el yogurt con el bicarbonato. Cierne las harinas juntas e incorpora a la mezcla de huevo junto con el yogurt. Añade las semillas. Vierte toda la masa al molde y hornea 55 minutos o hasta que al insertar un palillo éste salga limpio. Deja enfriar 10 minutos, desmolda para que se enfríe completamente y sirve.

PANQUÉ DE PLÁTANO

Este panqué es una auténtica bomba de vitaminas, potasio y una importante fuente de fibra.

Porciones: 12
Preparación: 15 minutos
Cocción: 35 minutos
Enfriamiento: 10 minutos

Información nutrimental Cada porción aporta:	
Calorías:	67
Fibra:	4 g
Proteína:	4 g
Grasa total:	- g
Grasa saturada:	1 g
Colesterol:	**2 mg**
Sodio:	24.7 mg
Carbohidratos:	21.6 g
Potasio:	- mg

Ingredientes

- 1 ½ tazas de salvado de trigo natural
- ½ taza de harina integral

- ½ cucharadita de sal sin sodio
- ¼ de taza de aceite vegetal
- 2 cucharadas de azúcar para diabéticos
- 1 clara de huevo
- 1 taza de suero de leche descremado
- 1 plátano en cubitos
- ½ taza de avena

Preparación

Precaliente el horno a 200 °C y en una charola para horno hornea el salvado hasta que esté ligeramente tostado. Saca y no apagues el horno. En una charola para hornear panqués coloque canastitas de papel para panqué. Aparte, en un tazón mezcla el salvado, la harina, el bicarbonato y la sal. En otro tazón bate con la batidora el aceite y el endulzante; agrega la clara; bate muy bien entre ingrediente e ingrediente. Incorpora, de manera alterna, la mezcla de harina y el suero. Un poco y un poco iniciando y terminando con la harina. Añade el plátano y la avena. Vierte la masa en los moldes de panqué llenando ¾ partes. Hornea durante 20 minutos o hasta que al introducir un cuchillo éste salga limpio. Saca y deja enfriar completamente a temperatura ambiente.

PAN DE NUEZ

Información nutrimental Cada porción aporta:	
Calorías:	123
Fibra:	4 g
Proteína:	4 g
Grasa total:	6 g
Grasa saturada:	1 g
Colesterol:	**19 mg**
Sodio:	32 mg
Carbohidratos:	9.5 g
Potasio:	- mg

Las nueces proveen de fibra y de minerales, además de ácidos omega-3, que ayudan a disminuir los triglicéridos en la sangre.

Porciones: 12
Preparación: 15 minutos
Cocción: 35 minutos
Enfriamiento: 10 minutos

Ingredientes

- 1 paquete (7 g) de levadura seca
- 1 ¼ de tazas de agua tibia
- 2 cucharadas de miel light sin azúcar
- ½ taza de leche en polvo descremada
- 2 cucharadas de aceite de oliva
- 3 ¾ de tazas de harina
- 3 tazas de nueces picadas
- 2 cucharaditas de sal sin sodio
- 2 cucharadas de leche light

Preparación

En ¼ de taza de agua fría vierte la levadura, agrega la miel y deja reposar cinco minutos o hasta que se disuelva. Añade la leche en polvo, el aceite y el resto de agua. Mezcla perfectamente. Aparte, licúa una taza de harina y otra de nueces. Vierte la levadura junto con la harina restante y la sal. En una superficie plana y enharinada pon la masa y amásala cinco minutos o hasta que tenga una consistencia elástica. Aparte rocía con aceite en aerosol un tazón antiadherente y vierte la masa. Cubre con papel autoadherente y deja que repose en un lugar tibio 90 minutos. Pincha la masa con un tenedor, pásala a una superficie enharinada y extiéndela. Agrega a la masa una taza de nueces y amasa, añade las nueces restantes y vuelve a amasar. Divide la masa en dos, haz dos bolas y luego aplánalas ligeramente, ponlas en dos platos, tapa con papel auto adherente y deja que reposen en un lugar tibio 45 minutos o hasta que se duplique su volumen. Precalienta el horno a 190 °C. Barniza las dos bolas de masa con la leche y por la parte de en medio córtalas con un cuchillo. Hornéalas 30 minutos o hasta que se encuentren bien doradas y la masa se escuche hueca. Sácalas, deja que se enfríen y sirve.

Barra de pan integral

El pan de trigo y salvado de la harina integral te aportan vitamina E y fibra.

Porciones: 12
Preparación: 25 minutos
Cocción: 30 minutos
Reposo: 110 minutos

Información nutrimental Cada porción aporta:	
Calorías:	120
Fibra:	4 g
Proteína:	4 g
Grasa total:	6 g
Grasa saturada:	1 g
Colesterol:	**14 mg**
Sodio:	28.7 mg
Carbohidratos:	11.6 g
Potasio:	- mg

Ingredientes

- 3 ½ tazas de harina integral
- 3 tazas de harina blanca
- 1 ½ cucharadas de levadura seca
- ²/₃ de taza de leche baja en grasas
- ½ taza de agua
- ½ taza de miel light sin azúcar
- 2 cucharaditas de sal sin sodio
- 2 claras de huevo, ligeramente batidas
- 1 ½ tazas de puré de calabaza, cocido
- 2 cucharadas de aceite de oliva
- 1 ½ tazas de cebollines, en trozos
- 2 cucharadas de romero, picado
- 1 taza de semillas de girasol, sin cáscara y sin sal

Preparación

En un tazón mezcla la harina blanca y la integral. De esta mezcla toma tres tazas y en otro tazón mézclala con la levadura. Aparte, calienta la leche, el agua, la miel, sin que hierva. Vierte la mezcla de la harina con la levadura, añade la sal y las claras y bate con la batidora 30 segundos a la mínima velocidad. Luego tres minutos a la máxima velocidad. Añade a la mezcla la calabaza, el aceite, los cebollines, el romero, las semillas de girasol y la harina restante. Bate hasta que todo quede integrado perfectamente. Enharina una base limpia y plana y coloca la masa y amasa con tus dedos hasta que esté suave y elástica. Si es necesario, añade harina para evitar que se pegue. Haz una bola con la masa y colócala en un tazón engrasado con aceite en aerosol. Cubre con un plástico y déjala en un lugar tibio a que duplique su tamaño; cerca de una hora. Quita el plástico de la masa y colócala sobre una superficie ligeramente engrasada. Divídela a la mitad y déjala 10 minutos. Con aceite en aerosol engrasa ligeramente dos moldes para pay de 23 x 13 cm. Toma cada mitad de la masa y dale la forma de una barra. Mételos a los moldes y cubre con un plástico. Deja en un lugar tibio a que duplique su tamaño, más o menos 50 minutos. Calienta el horno a 190 °C y hornea hasta que las barras suenen hueco al golpearlas ligeramente; cerca de 30 minutos. Saca, deja enfriar el pan y sirve.

BARRITAS DE HIGO Y AJONJOLÍ

Estas ricas barritas están rellenas de zanahoria para darles un sutil sabor y fibra.

Porciones: 32
Preparación: 20 minutos
Cocción: 40 minutos

Información nutrimental Cada porción aporta:	
Calorías:	75
Fibra:	1.1 g
Proteína:	1 g
Grasa total:	6 g
Grasa saturada:	0 g
Colesterol:	**0 mg**
Sodio:	39 mg
Carbohidratos:	10 g
Potasio:	- mg

Ingredientes

- ½ taza de almendras naturales
- 1 cucharada de semillas de ajonjolí
- 1 taza de harina
- 3 cucharadas de azúcar para diabéticos
- ½ cucharadita de sal sin sodio
- ⅓ de taza de aceite de ajonjolí obscuro
- 1 ½ cucharaditas de ralladura de naranja
- 1 taza de higos secos picados grueso
- 2 zanahorias finamente ralladas
- ¾ de taza de jugo de naranja natural
- 2 cucharadas de jugo de limón
- ¾ de cucharada de cardamomo molido
- 1 cucharadita de extracto de vainilla

Preparación

Precalienta el horno a 175 °C. Tuesta las almendras y las semillas de ajonjolí hasta que las almendras suelten su aroma y las semillas estén doradas. Saca y licúa. Añade la harina, el azúcar y la sal. Muele hasta hacer polvo. Añade el aceite de ajonjolí y la ralladura. Deja que se licúe hasta que esté húmedo. Vierte la mezcla a un refractario y presiona en el fondo. Pincha la masa y hornea 20 minutos. Deja enfriar. Mientras, en una olla mezcla los higos, las zanahorias, el jugo de naranja y el de limón, y el cardamomo. Deja hervir a fuego moderado. Baja el fuego, tapa y cocina hasta que los higos se ablanden y se haya reducido casi todo el líquido. Deja enfriar. Vierte a la licuadora la mezcla de higos, añade la vainilla y licúa hasta hacer un puré. Esparce la mezcla sobre la base y hornea 20 minutos o hasta que al introducir un palillo este salga limpio. Saca, deja enfriar, desmolda y corta las 32 barritas.

FUENTES DE INFORMACIÓN

- http://www.pronat.com.mx/Temas/alimento_ diabeticos.htm
- http://www.solopostres.com/ver-receta. asp?receta=498
- http://www.alimentacion-sana.com.ar/informa- ciones/Nutricion/alim%20diab.htm
- http://www.botanical-online.com/medicinals- dietadiabetes.htm
- http://es.wikipedia.org
- http://www.nlm.nih.gov/medlineplus/spanish/ ency/article/002468.htm

Índice

Introducción

  ¿Qué es la diabetes? 5

  Diabetes y alimentación 6

  Algunas recomendaciones 7

Recetas 9

  Mousse 9

  Helados 17

  Pasteles 25

  Para acompañar 27

  Pays 47

  Flanes 55

  Galletas 59

  Natillas y budines 67

  Pan 81

Fuentes de información 93

Esta obra se terminó de imprimir en noviembre del 2010
en los talleres de Trabajos Manuales Escolares S.A. de C.V.
Oriente 142 no. 216, col. Moctezuma 2da. Sección
C.P. 15530, México D.F.
Tiraje: 3000 ejemplares